Juliane Stubenrauch-Böhme

55 Stundeneinstiege Deutsch

einfach, kreativ, motivierend

Auer

7. Auflage 2022

Autor*innen: Juliane Stubenrauch-Böhme
Umschlagfoto: Fotolia.com
Illustrationen: Trantow Atelier
Satz: Typographie & Computer, Krefeld
Druck und Bindung: Korrekt Nyomdaipari Kft., Budapest
ISBN 978-3-403-**06442**-8
www.auer-verlag.de

Einleitung 4

Womit soll ich meine Stunde beginnen? 4
Der Aufbau der Handreichung 5

1 Stundeneinstiege Sprechen und Zuhören 7

1.1 Geräuschrätsel/Hörgeschichten 7
1.2 Stille Post 8
1.3 Zeichnung entwerfen 9
1.4 Wortstück-Rätsel 10
1.5 Zungenbrecher 11
1.6 Wortwechsel 12
1.7 Lückenhafte Texte 13
1.8 Tabu 14
1.9 Metaphorisches Sprechen 15
1.10 Spontaner Vortrag 16
1.11 Sprechen nach Vorgaben 17

2 Stundeneinstiege Schreiben 18

2.1 Abc-Liste 18
2.2 Endlostexte 19
2.3 Zauberstab 20
2.4 Akrostichon 21
2.5 Kreuzworträtsel 22
2.6 Brainstorming 23
2.7 Mindmapping 24
2.8 Inserat 25
2.9 Kartenabfrage 26
2.10 Diskussionswettbewerb 27
2.11 Nonsens-Argumentation 28
2.12 Surrealistisches Schreiben 29

3 Stundeneinstiege Sprache untersuchen, verwenden und gestalten 30

3.1 Spiegelschrift 30
3.2 Verschlüsselte Botschaft 31
3.3 Silbenquiz 32
3.4 Buchstaben und Zahlen 33
3.5 Wortkette 34
3.6 Buchstaben-Spiel 35
3.7 Textdetektive 36
3.8 Doppeldeutige Rechtschreibsätze 37
3.9 Was bin ich? (Homonyme-/Homophonerätsel) 38
3.10 Grammatik-Tennis 39
3.11 Bingo 40
3.12 Sprachexperimente 41
3.13 Fremdwort-Spiel 42
3.14 Sprichwörter/Redensarten 43

4 Umgang mit Literatur und Sachtexten 44

4.1 Pantomime 44
4.2 Standbild 45
4.3 Darstellendes Spiel 46
4.4 Satzanfänge 47
4.5 Lügendetektor 48
4.6 Heiße Kartoffel 49
4.7 Interview-Spiel 50
4.8 Quizshow 51
4.9 Gedichtfragmente 52
4.10 Einsatz von Bildern 53
4.11 Wortfüllung 54
4.12 Einsatz von Zitaten 55
4.13 Einsatz von Liedern 56

5 Nutzung und Reflexion von Medien 57

5.1 Buchstaben-Gitter 57
5.2 Werbeanzeige 58
5.3 Einsatz von Werbeslogans 59
5.4 Provokante Aussagen 60
5.5 Blitzlicht 61

Index 62

Womit soll ich meine Stunde beginnen?

Stunde für Stunde stellt sich nach den üblichen Stundeneröffnungsritualen wie Begrüßung und Kontaktaufnahme aufs Neue die Frage nach dem Unterrichtseinstieg. Oft fällt es schwer, abwechslungsreiche und motivierende Einstiege in die Unterrichtsstunde bzw. in ein neues Thema zu finden. Und nicht selten beginnt man mit der Frage „Was haben wir letzte Stunde besprochen?" oder mit der Besprechung der Hausaufgabe.

Diese Handreichung stellt für den Einstieg einen Pool an verschiedenen Methoden bereit, um gleich zu Beginn der Stunde

- die Neugier der Schüler[1] auf das neue Thema zu wecken,
- die Lernbereitschaft der Schüler zu stimulieren,
- schülerzentriertes Arbeiten zu fordern und zu fördern,
- einer passiven Konsumentenhaltung der Schüler vorzubeugen,
- die Motivation zu fördern,
- Kreativität und Fantasie anzuregen,
- das „Ankommen" zu erleichtern,
- zu einem Thema hinzuführen,
- Wissen zu festigen,
- bereits Gelerntes zu überprüfen,
- Vorwissen abzurufen und daran anzuknüpfen,
- bekannte Kenntnisse und Gewohnheiten zu verfremden und infrage zu stellen.

Alle hier beschriebenen Einstiege bewegen sich in einem zeitlichen Rahmen von ca. 2 bis 10 Minuten, sodass der Hauptteil der unterrichtlichen Arbeit wie gewohnt auf die Phasen der Erarbeitung, der Ergebnissicherung und der Vertiefung bzw. des Transfers entfällt. Die Anregungen ermöglichen immer den nahtlosen Übergang zur Hausaufgabenbesprechung oder zur Erarbeitung des Stundenthemas.

Alle Vorschläge wurden im Unterricht erprobt und können jederzeit an die spezifischen Bedürfnisse der jeweiligen Lerngruppe angepasst werden.

Einige Methoden wurden von mir entwickelt, andere sind bekannt und in der Literatur bereits häufig erwähnt und vorgestellt. Da eine eindeutige Quellenangabe nicht möglich war, habe ich darauf verzichtet.

1 Wenn in diesem Buch aus Gründen der besseren Lesbarkeit von Schülern die Rede ist, sind immer auch die Schülerinnen gemeint. Ebenso verhält es sich mit Lehrern und Lehrerinnen.

Der Aufbau der Handreichung

Die in dieser Handreichung vorgestellten Unterrichtseinstiege sind als Fundgrube zu verstehen. Zu den einzelnen Lernbereichen des Deutschunterrichts **Sprechen und Zuhören – Schreiben – Sprache untersuchen, verwenden und gestalten – Umgang mit Literatur und Sachtexten** sowie **Nutzung und Reflexion von Medien** finden sich jeweils verschiedene Methoden, um die Stunde zu beginnen.

Bei jeder Methode wird angegeben, **ab welcher Jahrgangsstufe** ein Einsatz im Hinblick auf das Vorwissen der Schüler sinnvoll erscheint. Zur leichteren Orientierung sind die Einstiege dabei in aufsteigender Reihenfolge angeordnet.

Zusätzlich wird auch die ungefähre **Dauer** angegeben. Selbstverständlich können die einzelnen Stundeneinstiege in ihrem Zeitrahmen und Niveau immer den individuellen Bedürfnissen und Interessen der jeweiligen Lerngruppe angepasst werden.

Wenn bestimmte **Voraussetzungen** gegeben sein müssen oder wenn **Material** vorzubereiten ist, so ist dies zu Beginn jedes Einstiegs vermerkt. Häufig können die Schüler bereits in die Vorbereitung des benötigten Materials einbezogen werden.

Die Hinweise zur **Durchführung** wurden bewusst knapp gehalten, um eine rasche Handhabung zu ermöglichen. In vielen Fällen verdeutlichen konkrete Beispiele die Ausführungen.

Regelmäßig wiederkehrende Begriffe sind zur besseren Orientierung mit den folgenden Icons veranschaulicht:

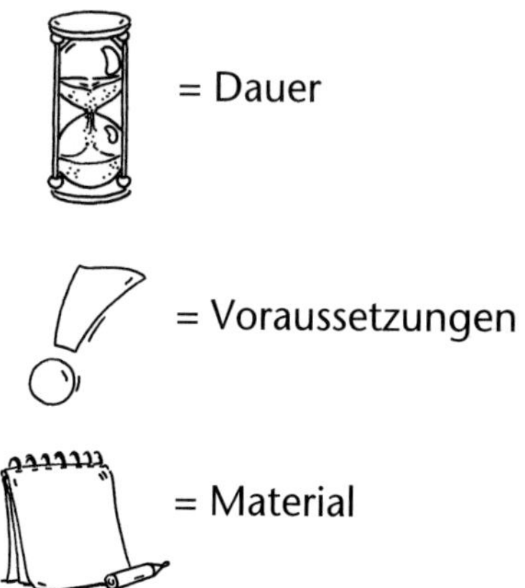

Viele Ideen konnten aus Platzgründen nur an einem bestimmten Thema illustriert werden, sind jedoch auf viele weitere Themen und auch Lernbereiche übertragbar. Unter **Weitere Hinweise** findet man Hinweise zum Einsatz, Varianten, wie man die einzelnen Methoden abwandeln kann, sowie mögliche Weiterführungen der Stunde.

Zum leichteren Wiederauffinden der einzelnen Methoden sind im **Index** alle Unterrichtseinstiege in alphabetischer Reihenfolge aufgelistet.

keine besonderen Voraussetzungen

MP3- oder CD-Player oder Kassettenrekorder, Geräusche (MP3, CD-ROM, Kassette)

Durchführung:

- Lehrer spielt verschiedene Geräusche vor.
- Schüler erraten, um welche Geräusche es sich handelt.
- Im Anschluss sollen die Schüler erklären, in welchem Zusammenhang die Geräusche mit dem Stoff der letzten Stunde stehen (z. B. markantes Geräusch, das in einer Szene einer Lektüre eine wichtige Rolle spielt).

Beispiele:

1. Verkehrsgeräusche (Hupen, Anfahren usw.) – Starten eines Motors – Unfallgeräusche – aufgeregtes Stimmengewirr – Polizeisirene
2. Türklingel – Musik – Unterhaltung – Gläserklirren – Explosion
3. Hundegebell – Miauen – Kikeriki – Pferdehufe – Froschquaken

Weitere Hinweise:

Die Schüler können auch aufgefordert werden, sich eine kurze Geschichte oder einen zusammenhängenden Text auszudenken, in der/dem die Geräusche in der gleichen Reihenfolge, in der sie vorgespielt wurden, vorkommen. In der Unterstufe können die Geräusche anstelle von Bildgeschichten als Ausgangspunkt für das Verfassen von Erlebniserzählungen dienen.

Die Schüler können zu Hause passende Geräusche zu kleinen Erlebnisgeschichten aufzeichnen. Wenn die Geräusche in der Schule vorgespielt werden, sollen die Mitschüler dann zu den Geräuschen eine passende Erzählung verfassen. Die auf diese Weise entstandenen Geschichten können im Anschluss miteinander verglichen werden.

Im Laufe einer Klassenlektüre kann der Lehrer die Stunde mit einem markanten Geräusch für eine Szene beginnen. Die Schüler sollen dann überlegen, mit welchen weiteren Geräuschen man die Szene hinterlegen müsste, wenn man ein Hörspiel erarbeiten wollte.

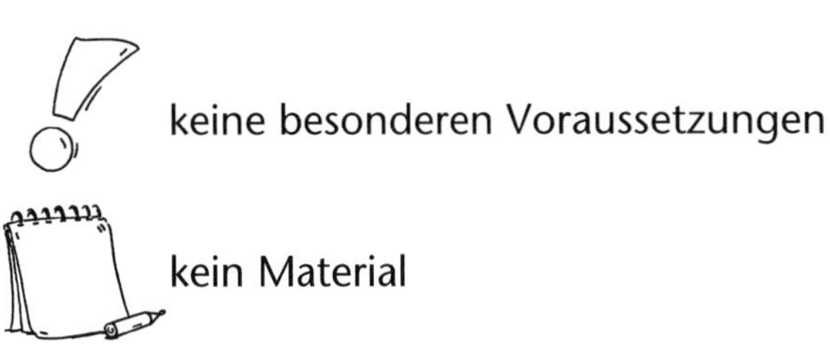

keine besonderen Voraussetzungen

kein Material

Durchführung:

- Lehrer flüstert einem Schüler einen zentralen Begriff des Stundenthemas ins Ohr.
- Schüler gibt das, was er verstanden hat, wiederum flüsternd an seinen Nachbarn weiter.
- Schüler, dem als Letzter der Begriff zugeflüstert wurde, sagt das, was ihm mitgeteilt worden ist, laut.
- Lehrer nennt den Begriff, den er weitergeben wollte.

Weitere Hinweise:

Es sollte darauf geachtet werden, dass der weitergegebene Begriff im thematischen Zusammenhang mit dem jeweils anschließend behandelten Inhalt steht.

Ausgehend von dem weitergegebenen Begriff kann zum Stundenthema übergeleitet werden bzw. zur Wiederholung der Inhalte der letzten Stunde oder zur Besprechung der Hausaufgabe.

Alternativ kann auch auf die Notwendigkeit des genauen Hinhörens vertiefend eingegangen werden. Dies bietet sich insbesondere dann an, wenn sich der ursprüngliche Begriff und derjenige, der am Ende laut genannt wird, sehr voneinander unterscheiden.

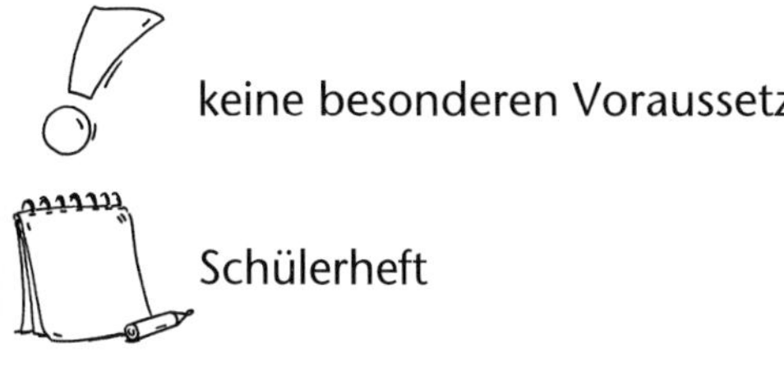

Durchführung:

- Lehrer nennt das Thema der Stunde, das Thema eines Gedichts oder auch eine Szene aus der aktuellen Klassenlektüre.
- Nun sollen die Schüler zu diesem Thema eine Zeichnung mit möglichst vielen Details erstellen.
- Anschließend kommt ein Schüler nach vorne und beschreibt möglichst präzise seine Zeichnung. Die Mitschüler sollen diese anhand seiner Beschreibung „kopieren" bzw. nachzeichnen.
- Zum Schluss werden die Zeichnungen miteinander verglichen.

Weitere Hinweise:

Man kann die Zeichnungen auch in Gruppen anfertigen lassen.

Beim Vergleich von Original und Zeichnung kann thematisiert werden, worauf Unterschiede zwischen Original und Kopien zurückzuführen sind und wie man sie hätte vermeiden können, um auf die Wichtigkeit eines genauen Sprachgebrauchs hinzuweisen.

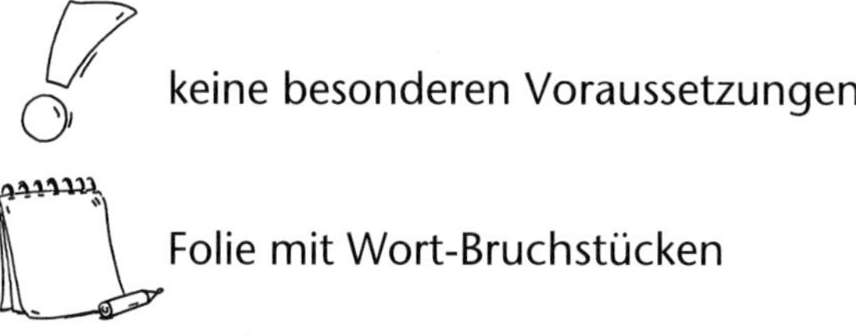

keine besonderen Voraussetzungen

Folie mit Wort-Bruchstücken

Durchführung:

- Lehrer legt eine Folie auf, auf der sich Wort-Stücke befinden.
- Schüler müssen die Wort-Stücke nun zu vollständigen Wörtern ergänzen.
- Lehrer kann entweder das Themenfeld, aus dem die Wörter stammen, nennen oder die Schüler erschließen es aus einer passenden Zeichnung, in der sich die Wort-Stücke befinden.

Beispiel:

Thema: Barocklyrik

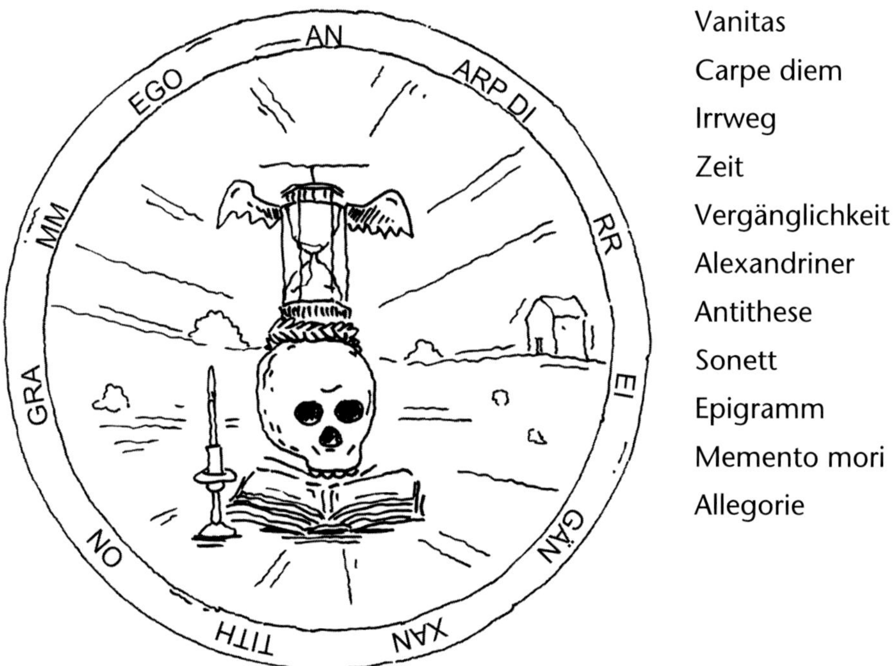

Vanitas
Carpe diem
Irrweg
Zeit
Vergänglichkeit
Alexandriner
Antithese
Sonett
Epigramm
Memento mori
Allegorie

Weitere Hinweise:

Die Schüler können die Begriffe anschließend erläutern, wenn es sich um Schlüsselbegriffe der vorhergehenden Stunde handelt.

keine besonderen Voraussetzungen

Folie oder Tafel, evtl. Korken

Durchführung:

- Lehrer legt eine Folie mit einem Zungenbrecher auf oder schreibt ihn an die Tafel und fordert einen Schüler auf, ihn spontan vorzulesen. Der Zungenbrecher kann auch mehrmals mit gesteigertem Tempo vorgelesen werden.
- Weitere Schüler lesen denselben Zungenbrecher mit Wettbewerbscharakter vor. Der Schüler, der den Zungenbrecher am schnellsten fehlerfrei aufsagen kann, hat gewonnen.

Beispiele:

1. Brautkleid bleibt Brautkleid und Blaukraut bleibt Blaukraut.
2. Fischers Fritze fischt frische Fische, frische Fische fischt Fischers Fritze.
3. Zwischen zwei Zwetschgenzweigen zwitschern zwei Zwergzeisige.
4. Ob er aber über Oberammergau oder aber über Unterammergau kommt, ist nicht gewiss.

Weitere Hinweise:

Es können mehrere Zungenbrecher vorgegeben werden und die Schüler erhalten zunächst einige Minuten zur stillen Vorbereitung auf das Vorlesen.

Zur Schulung einer genauen Aussprache können die Schüler Korken zwischen die Zähne klemmen und dann die Zungenbrecher vorlesen.

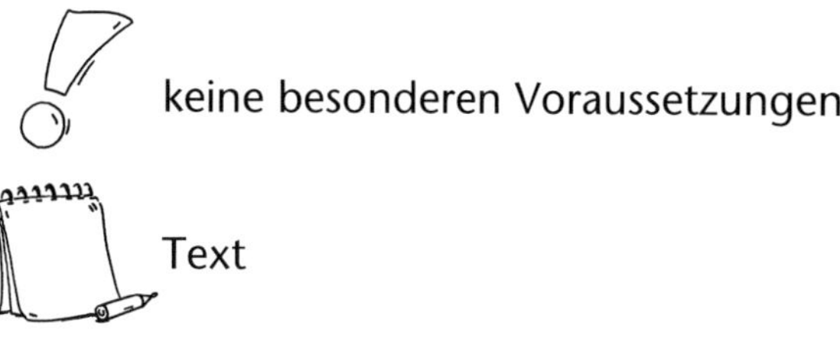

keine besonderen Voraussetzungen

Text

Durchführung:

- Lehrer projiziert einen beliebigen Text an die Wand, sodass ihn alle Schüler gut lesen können.
- Schüler beginnt, den Text vorzulesen. Ein zuvor festgelegtes Wort (z. B. auch) muss er jedoch durch ein anderes oder auch durch ein Geräusch (z. B. Klatschen, mit dem Fuß stampfen etc.) ersetzen.
- Macht er einen Fehler, liest ein anderer Schüler weiter.

Weitere Hinweise:

Als Variante können im Text zusätzlich einzelne oder alle Vokale (ein bestimmter Konsonant) durch ein Symbol ersetzt werden. Die Schüler müssen beim Vorlesen dann noch mehr mitdenken. Die Fehlerwahrscheinlichkeit erhöht sich und das Spiel gewinnt an Dynamik, da häufiger gewechselt werden kann.

keine besonderen Voraussetzungen

Folie oder Arbeitsblatt

Durchführung:

- Lehrer legt einen Text auf, in dem bestimmte Wörter oder auch nur einzelne Buchstaben fehlen.
- Ein Schüler der Klasse liest den Text flüssig vor, indem er sofort die fehlenden Wörter oder Buchstaben ergänzt.

Beispiel:

Kurt Tucholsky: Ratsch__________ für einen schl__________ Redner

Fang nie mit dem A________an, sondern im______ drei Me_______ VOR dem A_______!
Etwa so: „Meine ___________ und meine __________! Bevor ich zum Th_______ des heutigen Ab_______ komme, lassen S____ mich kurz..." Hier hast du schon zie_______ all____, was einen schönen An______ ausmacht: eine st_____ Anrede; und das Wör_______ „kurz". So gew_________ du im Nu die Herzen und Oh______ der Zuh______________. Denn das hat der Zuh____________ gern: Dass er deine R_______ wie ein schw____________ Schulpensum aufbekommt; dass du mit dem dro________, was du sagen w____________, sagst und schon gesagt h_______. Immer sch_________ umständlich.

Weitere Hinweise:

Diese Methode kann auch dazu genutzt werden, um Inhalte und Schlüsselbegriffe der Vorstunde abzuprüfen.

Mit dieser Methode wird das sinnstiftende Lesen und die Konzentrationsfähigkeit der Schüler trainiert.

Als Variante bietet sich folgender Einsatz als Interpretationsübung bei Gedichten oder erzählenden Texten an: Die Klasse wird in mehrere Gruppen eingeteilt. Jede Gruppe erhält ein Gedicht oder einen Text, bei dem mehrere Wörter entfernt wurden. Die Schüler sollen sich nun in der Gruppe für eine sinnvolle Ergänzung des Textes entscheiden. Auf diese Weise erarbeiten sie in der Gruppe bereits erste Interpretationsansätze. Anschließend werden die erarbeiteten Texte vorgestellt und die Entscheidungen der Gruppe begründet.

1.8 Tabu

keine besonderen Voraussetzungen

Karten mit jeweils zu erklärendem Wort und den „Tabu“-Wörtern

Durchführung:

- Schüler werden in zwei Gruppen aufgeteilt, die gegeneinander spielen.
- Ein Schüler erhält eine Karte und versucht, seinem Team den ersten Begriff zu erklären, ohne die darunter stehenden „Tabu“-Wörter zu benutzen.
- Wird ein „Tabu“-Wort verwendet, muss ein anderer Begriff erklärt werden. (Es kann für jedes verwendete „Tabu“-Wort ein Punkt abgezogen werden.)
- Für jeden erratenen Begriff erhält das Team einen Punkt.
- Nach einer Minute darf das andere Team erklären und raten.

Beispiele:

Ballade
Gedicht
Lied
traurig-tragisch
Goethe

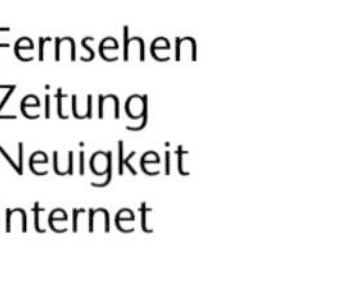

Nachrichten
Fernsehen
Zeitung
Neuigkeit
Internet

Justitz
(Un-)Gerechtigkeit
Frau mit verbun-denen Augen
Waage
Schwert

Sturm und Drang
Stelle den Begriff pantomimisch dar!

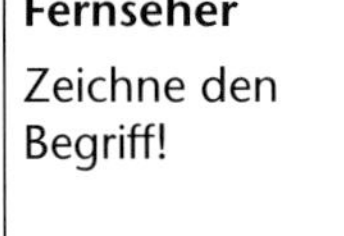

Fernseher
Zeichne den Begriff!

Weitere Hinweise:

Es bieten sich folgende Varianten des Spiels an: Es wird noch abwechslungsreicher, wenn man statt der „Tabu“-Wörter auf manche Karten die Anweisungen *„Stelle den Begriff pantomimisch dar!“* oder *„Zeichne den Begriff!“* schreibt (s. o.). Mehr Dynamik erhält man, wenn man die Begriffe paarweise von zwei Mitgliedern aus den unterschiedlichen Gruppen erklären lässt: Die beiden Spieler nennen jeweils abwechselnd einen erklärenden Satz. Die Gruppe dessen, der den Begriff errät, erhält einen Punkt.
Den Schwierigkeitsgrad kann man mit der Anzahl der „Tabu“-Wörter variieren. Je mehr Begriffe vermieden werden müssen, desto schwieriger wird die Erklärung.

keine besonderen Voraussetzungen

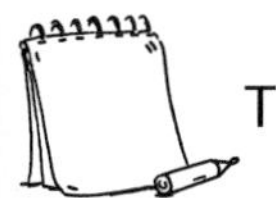

Tafel

Durchführung:

- Lehrer schreibt einen Satzanfang an die Tafel.
- Schüler sollen diesen Satz vervollständigen.
- Anschließend erläutern die Schüler ihre Metaphern oder Vergleiche.

Beispiele:

1. Das Leben ist wie ... (individuelle Schülerantworten)
2. Freundschaft ist wie ...
3. Grammatik ist wie ...
4. Schule ist wie ...
5. Solidarität ist wie...

Weitere Hinweise:

Man kann die verschiedenen Sätze auch auf ein Plakat schreiben und dieses dann im Klassenzimmer aufhängen, sodass im Laufe der Unterrichtseinheit immer wieder darauf zurückgegriffen werden kann.

Auch Stimmungen der Schüler lassen sich mit dieser Methode bildhaft verdeutlichen (z. B. „Ich fühle mich heute wie ...").

1.10 Spontaner Vortrag

keine besonderen Voraussetzungen

kleine Zettel oder Karten mit Themen für Stegreifreden

Durchführung:

- Ein Schüler zieht eine Karte mit einem Thema und muss nun ohne Vorbereitung eine zweiminütige Rede halten.
- Anschließend zieht ein anderer Schüler eine weitere Karte.

Beispiele:

1. Der Schulteich sollte zum Badeteich ausgebaut werden.
2. Gute Gründe, zu spät zu kommen
3. Lasst uns fröhlich spicken!
4. In einer Schulstunde sollte mindestens 30 Minuten nur gelacht werden.
5. Wie schützt man sich vor Stechmücken?
6. Die Bedeutung des Internets für mein Leben

Weitere Hinweise:

Die Themen können auch von den Schülern selbst gestellt werden: So schreibt jeder zu Beginn der Stunde ein Thema oder eine Fragestellung auf eine der Karten.
Aus diesen Vorschlägen ziehen dann einzelne Schüler ihr Thema.

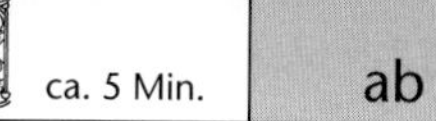

keine besonderen Voraussetzungen

Karten mit Vorgaben, beliebiger Text

Durchführung:

- Ein Schüler erhält einen Text und eine Karte vom Lehrer sowie den Arbeitsauftrag, den Text so vorzulesen, wie die Person ihn lesen würde, die auf der Karte genannt wird.
- Die Mitschüler sollen erraten, welche Person auf der Karte steht.

Beispiele:

Lies den folgenden Text wie ein ...

1. Fußballreporter.
2. Priester.
3. Politiker.
4. Nachrichtensprecher im Fernsehen.
5. Lehrer.
6. Marktschreier, der seine neuesten Produkte anpreist.
7. Opa, der in „Kindersprache“ mit seiner zweijährigen Enkelin spricht.

Weitere Hinweise:

Ausgehend von den Interpretationen der Schüler kann näher auf die Bedeutung der para- und nonverbalen Mittel eingegangen werden.

Als Variante können sich die Vorgaben, wie der Text vorgelesen werden soll, auf Gefühle beziehen: Lies den folgenden Text wie jemand, der Angst hat, verliebt ist, begeistert ist, wütend ist, sehr müde ist, traurig ist usw. Die Mitschüler müssen nun erraten, welches Gefühl oder welche Stimmung vermittelt werden soll.

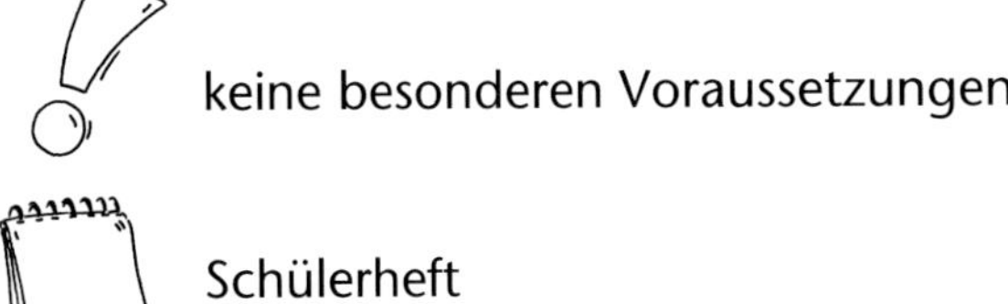

keine besonderen Voraussetzungen

Schülerheft

Durchführung:

- Schüler notieren das Abc in ihre Hefte und lassen hinter jedem Buchstaben ausreichend Platz.
- Lehrer gibt ein Thema vor.
- Schüler notieren nun zu jedem Buchstaben einen zum Thema passenden Begriff.
- Im Anschluss werden die Ergebnisse verglichen.

Beispiele:

Mögliche Themenbereiche: Märchen, Fremdwörter, Sommer, Berufe usw.

Weitere Hinweise:

Das Ausfüllen des Alphabets kann auch in Partner- oder Gruppenarbeit erfolgen.

Ein Teil der Auswertung kann von einer Schülergruppe zu Hause erledigt werden.

Als Variante kann man die Schüler auch ganze Abc-Gedichte, -Sätze oder -Geschichten verfassen lassen. Eine Abc-Geschichte kann dann z. B. so beginnen: **A**lle **b**rauchen **C**omputer, **d**ie **e**infache **F**unktionen **g**enau …

Bei Abc-Sätzen beginnen alle Wörter eines Satzes mit demselben Anfangsbuchstaben: **T**anja **t**rinkt **t**ausend **T**assen **T**ee.

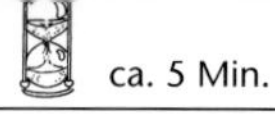

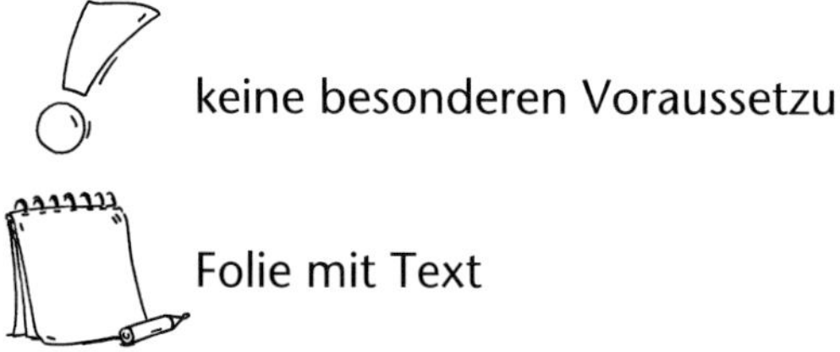

Durchführung:

- Lehrer projiziert einen Text an die Wand, der mit Großbuchstaben ohne Leerzeichen zwischen den Wörtern und ohne Zeichensetzung geschrieben ist.
- Ein Schüler muss den Text laut und mit korrekter Betonung vorlesen.
- Die anderen Schüler schreiben den Text richtig in ihr Heft.

Beispiel:

JETZTVERSTEHENWIRENDLICHWESHALBESSINNVOLLISTAUF
DIERECHTSCHREIBUNGUNDZEICHENSETZUNGZUACHTENDENN
DANNKÖNNENALLEDIETEXTESCHNELLERUNDBESSERLESEN

Weitere Hinweise:

Im Anschluss kann auf die Bedeutung der Orthographie und Interpunktion eingegangen werden.

Sinnvoll ist es, einen kurzen Text zu wählen, der zum Thema der Stunde hinführt.

keine besonderen Voraussetzungen

Tafel

Durchführung:

- Lehrer schreibt die Buchstaben eines Begriffs, der zum Thema der Stunde überleitet, in ungeordneter Reihenfolge an die Tafel.
- Schüler müssen das entsprechende Wort finden.

Beispiele:

1. FUKLRÄGUNA = Aufklärung
2. FSSUGUZAEMMNASN = Zusammenfassung
3. GUWRENB = Werbung

Weitere Hinweise:

Das Stundenthema kann im Anschluss genauer betrachtet und vertieft bzw. die Inhalte der letzten Stunde können ausgehend von dem erratenen Schlüsselbegriff wiederholt werden.

keine besonderen Voraussetzungen

Tafel

Durchführung:

- Lehrer schreibt einen zentralen Begriff bzw. das aktuelle Thema in farbigen Großbuchstaben senkrecht an die Tafel.
- Schüler suchen zu jedem Buchstaben einen inhaltlich treffenden Begriff. Die gefundenen Begriffe müssen nicht unbedingt mit den Buchstaben des Begriffs an der Tafel beginnen.
- Die Begriffe werden waagerecht ergänzt.

Beispiel:

	E	inleitung
A	**R**	gument
L	**O**	gik
Th	**E**	se
Beg	**R**	ündung
	T	hemenstellung
B	**E**	ispiel
	R	ückführung
Z	**U**	sammenhang
	N	ominalstil
	G	liederung

Weitere Hinweise:

Erschwert wird die Begriffsfindung, wenn die Buchstaben des Begriffes die ersten der neuen Wörter sein müssen.

Weiterhin kann eine Begründung für die jeweilige Assoziation eingefordert werden.

Je nach Thema können die Schüler aus den Wörtern auch eine zusammenhängende Geschichte erstellen.

2.5 Kreuzworträtsel

ca. 5 Min. | ab Kl

keine besonderen Voraussetzungen

Tafel

Durchführung:

- Die Klasse wird in zwei Gruppen aufgeteilt.
- Lehrer schreibt einen Begriff waagerecht in Großbuchstaben an die Tafel.
- Abwechselnd nennen die Gruppen ein thematisch verwandtes Wort, das sich entweder mit dem Ausgangswort kreuzt oder mit einem der anderen Wörter, die bereits an der Tafel stehen.
- Für jedes Wort gibt es einen Punkt.

Beispiel:

```
        S
    M   T
SOMMERFERIEN
    E   A
    R   N
        DÜNEN
```

Weitere Hinweise:

Mit den gesammelten Begriffen kann im Anschluss eine Erzählung verfasst werden.

Man kann mit entsprechenden Computerprogrammen auch Kreuzworträtsel erstellen, bei denen Begriffe zu vorgegebenen Umschreibungen gefunden und eingetragen werden müssen. Die Formulierung der Umschreibungen kann man die Schüler zu Hause vorbereiten lassen.

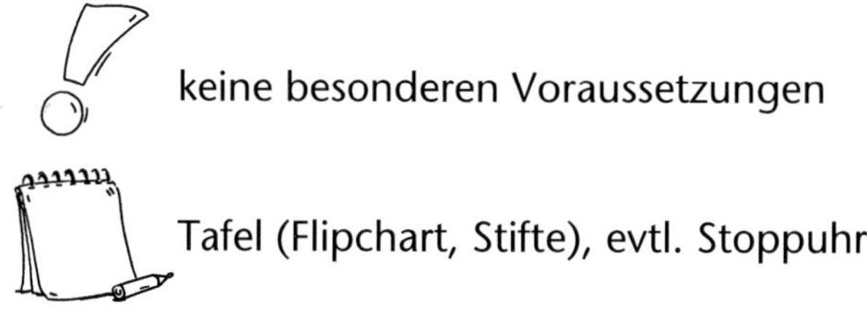

keine besonderen Voraussetzungen

Tafel (Flipchart, Stifte), evtl. Stoppuhr

Durchführung:

- Lehrer schreibt einen Begriff in die Mitte der Tafel.
- Schüler nennen spontan, was ihnen zu diesem Begriff einfällt.
- Lehrer notiert die Schüleräußerungen.

Beispiel:

Sturm und Drang:
- Genie-Gedanke
- Shakespeare-Verehrung
- Subjektivität
- Protest
- Bedeutung des Gefühls
- Emotionalität
- Leidenschaft
- Gesellschaftskritik
- Schöpfungskraft
- Selbstverwirklichung
- Drang nach Freiheit

Weitere Hinweise:

Steht das Brainstorming am Beginn einer Unterrichtseinheit, kann es als Basis für die weitere Beschäftigung mit dem Thema dienen. Dann sollte die Fixierung der Schüleräußerungen allerdings nicht an der Tafel, sondern auf einem Flipchart erfolgen.

Die Methode eignet sich nicht nur als Einstieg, sondern auch, um innerhalb kurzer Zeit am Ende einer Unterrichtseinheit abzuprüfen, welche Schlagworte die Schüler mit dem jeweiligen Thema (z. B. einer Literaturepoche) verbinden.

Als Variante kann das Brainstorming als Wettbewerb durchgeführt werden: Der Lehrer teilt die Klasse in zwei Gruppen. Anschließend werden zwei Schüler bestimmt, die den Begriff und die Äußerungen ihrer Gruppe an der Tafel festhalten. Die Gruppe, die innerhalb einer festgelegten Zeit die meisten richtigen Assoziationen genannt hat, hat gewonnen.

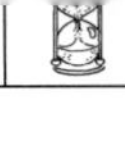

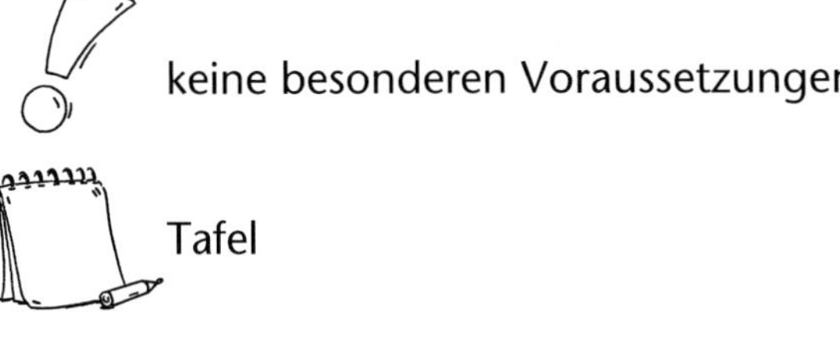

keine besonderen Voraussetzungen

Tafel

Durchführung:

- Lehrer gibt in der Mitte der Tafel ein Thema oder einen Oberbegriff vor.
- Schüler nennen die Unteraspekte, in die man das Thema gliedern kann.
- Daraufhin zeichnet der Lehrer an der Tafel ausgehend vom Oberbegriff Hauptzweige entsprechend der Anzahl der genannten Aspekte an der Tafel ein und beschriftet diese mit den genannten Begriffen.
- Nun zählen die Schüler passende Begriffe zu den Oberbegriffen auf. Diese Begriffe werden an den passenden Zweigen mit weiteren Verzweigungen eingetragen.

Beispiel:

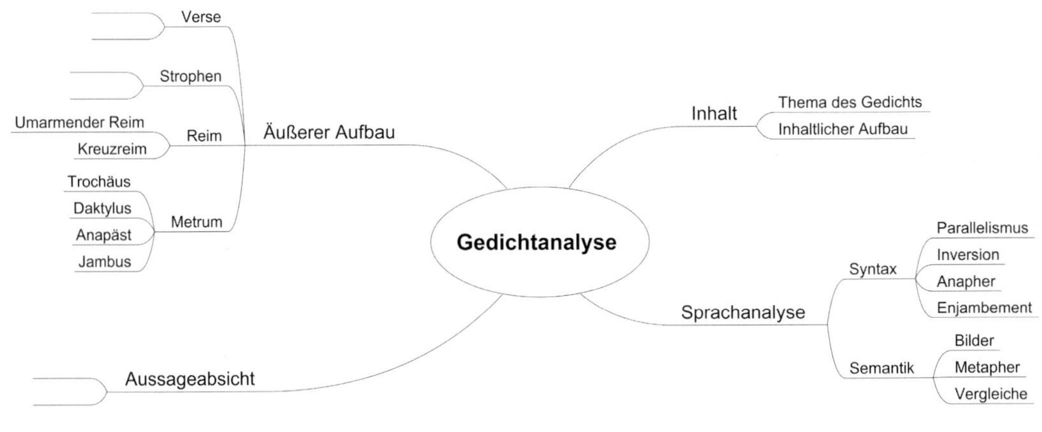

Weitere Hinweise:

Im Unterschied zum Brainstorming erfolgt bei der Mindmap die Niederschrift der Schüleräußerungen bereits strukturiert und leitet die Schüler zur Ordnung ihrer Gedanken an.

Die Schüler können die Gedanken eines Brainstormings mithilfe einer Mindmap sortieren und ergänzen.

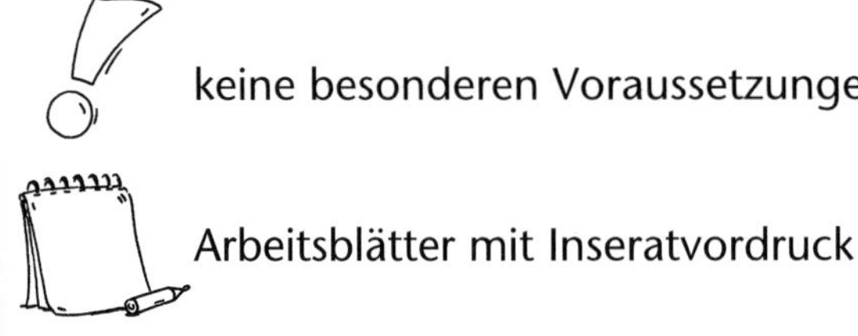

keine besonderen Voraussetzungen

Arbeitsblätter mit Inseratvordruck

Durchführung:

- Mithilfe eines Inserats soll das Vorwissen der Schüler zu einem Thema abgefragt werden. Lehrer verteilt zu diesem Zweck den Vordruck eines Inserats an die Schüler, den diese ausfüllen sollen.
- Anschließend werden die Inserate vorgelesen und im Klassenzimmer aufgehängt.

Beispiel:

Er/sie sucht Informationen

Suche Infos zu:

Tierversuchen und Tierschutz

Biete Kenntnisse/Erfahrungen auf folgenden Gebieten:

- Greenpeace-Aktivitäten
- Tierhaltung in Legebatterien
- ökologischer Landbau

Bitte melde dich bei: (Name des Schülers)

Weitere Hinweise:

Mithilfe der Inserate können sich die Schüler zu Gruppen zusammenfinden, um ein Thema oder Referate zu bearbeiten.

Grundkenntnisse im Argumentieren

für jeden Schüler ein rotes, grünes und gelbes Kärtchen;
4 bis 5 Aussagen, die zum Diskutieren anregen

Durchführung:

- Jeder Schüler erhält ein rotes, grünes und gelbes Kärtchen, wobei die rote Karte signalisiert, dass man nicht zustimmt, die grüne, dass man zustimmt, und die gelbe, dass man noch unentschlossen ist.
- Lehrer äußert Thesen, Meinungen und Aussagen, die Diskussionspotenzial enthalten.
- Mittels Hochhalten der Karten drücken die Schüler ihre Meinung aus.
- Lehrer kann einzelne Schüler dazu auffordern, ihre Meinung darzulegen und zu begründen.

Beispiele:

1. Sollten Noten in der Schule abgeschafft werden?
2. Alle Schüler sollten unabhängig von ihren Noten nach der 4. Klasse auf das Gymnasium gehen können.
3. Wo beginnt Gewalt? Ist das für dich Gewalt?
   - Ein Geiselnehmer wird durch das SEK der Polizei erschossen.
   - Ein Kind stirbt in Äthiopien an den Folgen von Unterernährung.
   - Ein Junge lädt seine gesamte Klasse zur Geburtstagsfeier ein, nur ein Mädchen „vergisst" er.
4. Ich könnte eher auf eine Mahlzeit verzichten als auf mein Handy.

Weitere Hinweise:

Diese Methode eignet sich besonders für die Initiierung von Diskussionen während einer Unterrichtseinheit zur Argumentation.

Man erhält anhand der Karten leicht ein Meinungsbild der Klasse: Vor einer mündlichen Diskussionsrunde kann ein solches Meinungsbild abgefragt werden. Verfährt man nach der Diskussionsrunde ebenso, kann man sehen, ob sich Meinungen durch die während der Diskussion vorgebrachten Argumente geändert haben.

Mithilfe der Karten kann außerdem eine Lernerfolgskontrolle durchgeführt werden, wenn die Schüler entscheiden müssen, ob Aussagen richtig oder falsch sind.

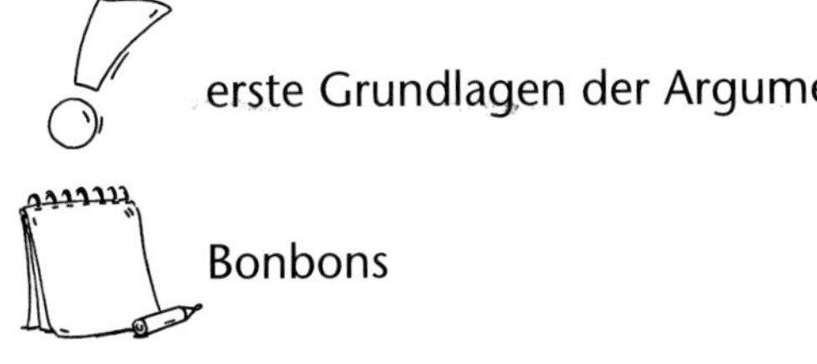

erste Grundlagen der Argumentation

Bonbons

Durchführung:

- Lehrer gibt vor, demjenigen Bonbons zu schenken, der in der Argumentation überzeugen kann.
- Einzelne Schüler tragen ihre Begründungen/Argumentationen vor.

Beispiele:

1. Verschiedene Personen versuchen einen Vermieter davon zu überzeugen, der geeignetste Mieter zu sein:
   - eine alleinerziehende, berufstätige Mutter mit einem 16-jährigen Sohn,
   - vier Studenten, die eine Wohngemeinschaft gründen wollen,
   - ein Beamter mit Frau und zwei Töchtern,
   - eine 33-jährige Frau, die zwei Räume der Wohnung als Kosmetikstudio nutzen möchte,
   - ein Ehepaar in Rente mit Hund und Katze.
2. Sieben Schüler aus einer Klasse möchten am Austauschprogramm der Schule mit Costa Rica teilnehmen. Pro Klasse können aber nur drei Schüler mitfahren. Jeder versucht, den Lehrer davon zu überzeugen, dass gerade er unbedingt mitfahren müsse.

Weitere Hinweise:

Den Schülern wird mithilfe dieses Beispiels bewusst, dass ihnen Argumentieren nicht fremd ist und im Alltag sehr häufig vorkommt.

Im Anschluss kann auf den Aufbau der einzelnen Schülerargumentationen eingegangen und begründet werden, weshalb der Beitrag des Gewinners besonders überzeugend war.

2.11 Nonsens-Argumentation

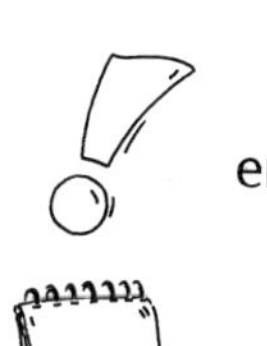

erste Grundlagen der Argumentation

Folie, Schülerheft

Durchführung:

- Schüler erhalten den Arbeitsauftrag, sich für eines der zur Wahl gestellten Themen zu entscheiden und schriftlich ein Argument nach den bekannten Regeln der Argumentation auszuführen.
- Lehrer legt die Folie mit den verschiedenen Themen auf.

Beispiele:

Erörtere, weshalb es sinnvoll wäre, dass

1. alle Bürger ab 56 Jahren vom Gesetzgeber dazu verpflichtet werden, einmal pro Woche eine Stunde Rockmusik zu hören.
2. jeder beim Verlassen des Hauses eine rote Pappnase trägt.
3. Haustiere die Möglichkeit erhalten, den Autoführerschein zu machen.
4. in jeder Unterrichtsstunde die Schüler mindestens 10 Minuten auf einem Bein hüpfen.
5. alle gesetzlich dazu verpflichtet werden, bei Regen gelbe und bei Schnee rote Strümpfe zu tragen.
6. alle am Sonntag zwischen 14 und 15 Uhr ein Papphütchen tragen.

Weitere Hinweise:

Auf diese Weise wird den Schülern klar, dass man auch für verrückte Ideen überzeugende Argumente finden kann, wenn man sich an die Regeln der Argumentation hält.

Die Schüler können auch den Auftrag erhalten, sich weitere Nonsens-Themen auszudenken.

 keine besonderen Voraussetzungen

 Schülerheft

Durchführung:

- Lehrer schreibt die Zahlen 1 bis 10 senkrecht untereinander an die Tafel.
- Dann wird die Klasse in zwei Gruppen geteilt.
- Schüler erhalten nun den Auftrag, die Zahlen ebenfalls senkrecht untereinander in ihr Heft zu schreiben.
- Jeder einzelne Schüler der einen Schülergruppe muss nun nach einem bestimmten Schema (z. B. *Wenn…*) 10 verschiedene Satzanfänge aufschreiben, während die Schüler der anderen Gruppe den Satz nach demselben Schema (z. B. *dann…*) auf 10 verschiedene Weisen zu Ende führen.
- Lehrer ruft zunächst einen Schüler der einen Gruppe auf und fordert ihn auf, einen seiner Teilsätze (Nr. 1–10) vorzulesen. Im Anschluss fordert er einen Schüler der anderen Gruppe auf, einen seiner Teilsätze vorzulesen, wobei der Lehrer wiederum die Nummer vorgibt. So entstehen „Zufallssätze".

Beispiele:

Mögliche Satzmuster:

1. Wenn ... (Gruppe 1), dann … (Gruppe 2)
   Wenn ich im Lotto gewinnen würde, dann …
2. Was heißt … (Gruppe 1)? – … heißt, … (Gruppe 2)
   Was heißt lieben? – Lieben heißt …

Weitere Hinweise:

Auf diese Weise können sehr lustige, aber auch poetische Sätze entstehen, die im weiteren Unterrichtsverlauf zu Gedichten oder Texten ausgeweitet werden können.

Als Variante können die *Wenn-dann*-Sätze auch als „Endlos"-Sätze realisiert werden, z. B. zur Einübung des Konjunktivs. Der Lehrer beginnt einen Bedingungssatz, den ein Schüler vervollständigt. Der nächste Schüler muss dann diesen zweiten Teil des Satzes als Bedingung in seinen Satz aufnehmen.
Lehrer: Wenn ich im Lotto gewinnen würde, … Schüler 1: … würde ich nie mehr zur Schule gehen. Schüler 2: Wenn ich nie mehr zur Schule gehen würde, würde ich den ganzen Tag im Schwimmbad verbringen …

3.1 Spiegelschrift

 ca. 3 Min. ab Kl

keine besonderen Voraussetzungen

Folie oder Tafel

Durchführung:

- Lehrer legt eine Folie verkehrt herum auf den Tageslichtprojektor oder schreibt einen Begriff/Satz in Spiegelschrift an die Tafel.
- Schüler entschlüsseln den Begriff/Satz und lesen ihn vor.
- Präsentation erfolgt durch Umdrehen der Folie bzw. Anschreiben des Begriffs/Satzes an die Tafel.

Beispiel:

boT bnu ɘdɘi⅃

Weitere Hinweise:

Es kann auch ein längerer Text in Spiegelschrift präsentiert werden, zu dem die Schüler Stellung nehmen müssen.
Als Hausaufgabe kann ein Schüler den Auftrag erhalten, einige Schlüsselbegriffe der Stunde in Spiegelschrift auf Folie festzuhalten.

keine besonderen Voraussetzungen

Text oder Begriffe zum Verschlüsseln

Durchführung:

- Zunächst werden mehrere Gruppen gebildet.
- Lehrer verteilt an jede Gruppe ein Arbeitsblatt, das die verschlüsselten Botschaften enthält.
- Die Gruppe, die die Botschaften am schnellsten entschlüsselt, hat gewonnen.

Beispiele:

1. Weglassen einzelner Buchstaben.
2. Vertauschen von zwei oder mehr Buchstaben, z. B. statt *e* steht *a* und statt *n* steht *r*.
3. Der letzte Buchstabe eines Wortes wird vor den ersten Buchstaben des folgenden Wortes gesetzt.
4. Zahlen stehen für die entsprechenden Buchstaben des Alphabets oder jeder Buchstabe wird durch die folgende oder vorausgehende Zahl des Alphabets ersetzt.

   Lösungswort: Goethe

Zahl = Buchstabe:	7 15 5 19 5
Folgende Zahl im Alphabet:	8 16 6 20 6
Vorausgehende Zahl im Alphabet:	6 14 4 18 4

Weitere Hinweise:

Die Begriffe oder Texte sollten mit dem Thema der Stunde bzw. der Unterrichtseinheit in engem Zusammenhang stehen, dann werden sie auch von den Schülern schneller entschlüsselt.

Die einzelnen Gruppen können als Hausaufgabe den Auftrag erhalten, Texte und/oder Begriffe zu verschlüsseln.

keine besonderen Voraussetzungen

Karten mit den jeweiligen Begriffen

Durchführung:

- Lehrer zeigt vier Schülern eine Karte, auf der er ein viersilbiges Wort notiert hat, das mit dem Thema der Stunde in Verbindung steht.
- Jeder Schüler entscheidet sich für eine Silbe, ohne dass die Mitschüler die Silben bereits hören.
- Dann sagen alle Schüler gleichzeitig ihre jeweilige Silbe auf.
- Die Klasse muss möglichst schnell erraten, um welches Wort es sich handelt.

Beispiel:

Ju-gend-spra-che

Weitere Hinweise:

Schwieriger wird es, wenn mehrere Gruppen verschiedene Begriffe gleichzeitig als Silbenquiz aufsagen.

keine besonderen Voraussetzungen

kein Material

Durchführung:

- Das Spiel wird der Reihe nach durch die Bänke gespielt.
- Der erste Schüler nennt ein Wort und eine Zahl, die maximal so hoch ist, wie die Anzahl der Buchstaben des Wortes, das er genannt hat.
- Der nächste Schüler muss jetzt ein Wort nennen, das mit dem Buchstaben beginnt, der im vorherigen Wort an der Stelle der genannten Zahl steht. Weiterhin muss auch er wieder eine Zahl nennen usw.

Beispiel:

Schüler 1: Maus, 4

Schüler 2: **S**o**n**ne, 2

Schüler 3: **O**stern, 6

usw.

Weitere Hinweise:

Um den Schwierigkeitsgrad zu erhöhen und um auf das Stundenthema hinzuführen, kann der Lehrer ein Thema oder einen Oberbegriff nennen, zu dem die Wörter passen müssen.

keine besonderen Voraussetzungen

Tafel, Schülerheft

Durchführung:

- Lehrer gibt ein Thema vor.
- Der Reihe nach nennen die Schüler Begriffe, die zu diesem Thema passen. Zu beachten ist dabei, dass der jeweils letzte Buchstabe des einen Wortes der Anfangsbuchstabe des folgenden Wortes sein muss.

Beispiel:

Thema: Kommunikation

Sende**r** – **R**ufe**n** – **N**achrich**t** – **T**…

Weitere Hinweise:

Wenn die Methode zur Wiederholung von bereits Gelerntem genutzt wird, kann der Lehrer die Schüler im Anschluss auffordern, die genannten Begriffe zu erläutern.

Je nach Thema, zu dem die Begriffe gesammelt werden, können die Schüler mit den Begriffen eine Geschichte erfinden.

keine besonderen Voraussetzungen

Tafel, Schülerheft

Durchführung:

- Zunächst wird festgelegt, ob die Wörter mit dem ausgelosten Buchstaben beginnen oder enden sollen.
- Dann gibt Lehrer ein Thema oder einen Oberbegriff vor.
- Ein Schüler nennt einen Buchstaben.
- Innerhalb einer vorgegebenen Zeit, die mit der Sanduhr oder Stoppuhr gemessen wird, müssen die Schüler möglichst viele Wörter aufschreiben.

Beispiel:

Thema: Märchen und Buchstabe *P*

Prinzessin – **P**rinz – **P**antoffel – **P**age – ...

Weitere Hinweise:

Zu dem vorgegebenen Thema oder Oberbegriff kann auch eine Unsinnsgeschichte erfunden werden, deren Wörter immer mit dem genannten Buchstaben beginnen.

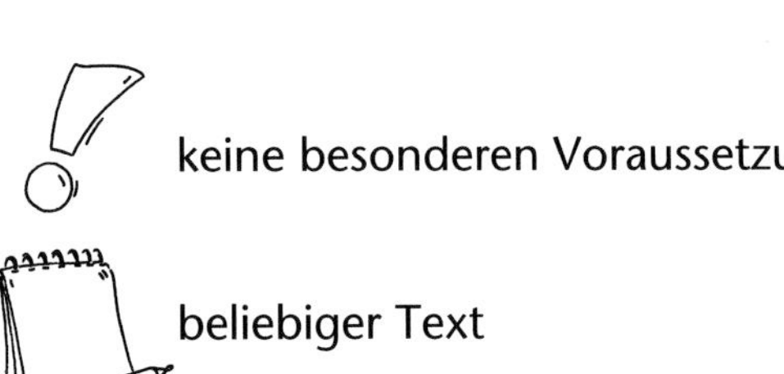

keine besonderen Voraussetzungen

beliebiger Text

Durchführung:

- Lehrer verteilt einen Text und die verschiedenen Aufgabenstellungen.
- Schüler bearbeiten die Aufgaben.
- Anschließend werden die Ergebnisse verglichen.

Beispiele:

1. Suche das kürzeste (längste) Wort im Text.
2. Wie oft kommt das Wort *und* im Text vor?
3. Markiere die Fragesätze.
4. Wie viele Tippfehler findest du?
5. Wie viele Wörter beginnen mit *E*?

Weitere Hinweise:

Die Aufgaben können auch als Wettbewerb in Gruppen organisiert werden.

Der Text kann schon zum Stundenthema hinführen und nach dieser Konzentrationsübung inhaltlich erarbeitet werden.

Als Variante kann der Lehrer zunächst willkürlich drei Zeilen vorlesen, später dann nur noch einzelne Begriffe, um die Aufmerksamkeit der Schüler bereits auf bestimmte Textstellen und Schlüsselwörter des Textes zu lenken. Die Schüler sollen dann die Zeilen bzw. Begriffe wiederholen und die Zeilen angeben, um die es sich handelt bzw. die Zeile, in der sich der Begriff befindet.

keine besonderen Voraussetzungen

Tafel, Schülerheft

Durchführung:

- Lehrer diktiert den Schülern doppeldeutige Sätze mit Gleichklang bei orthographischer Abweichung.
- Zwei Schüler schreiben die Sätze an die Außentafeln, sodass die Klasse die Sätze noch nicht sehen kann. Die anderen Schüler schreiben die Sätze in ihr Heft.
- Anschließend werden die beiden Tafelanschriften miteinander und mit den Lösungen der Mitschüler verglichen.

Beispiele:

1. Der Gefangene floh. → der gefangene Floh
2. Wir hören weise Reden. → Wir hören Weise reden.
3. Schau, die schöne Naht. → Schau, die Schöne naht.
4. die wunderschönen Locken → Die Wunderschönen locken.
5. die kleinen Kosten → Die Kleinen kosten.
6. Er isst Fett. → Er isst fett.

Weitere Hinweise:

Ausgehend von den Beispielsätzen kann auf die Groß- und Kleinschreibung und ihre Funktion eingegangen werden.

Darüber hinaus wird den Schülern bewusst, dass der Sinn der einzelnen Sätze erst durch den Kontext entsteht.

3.9 Was bin ich? (Homonyme-/Homophonerätsel)  ca. 5 Min. ab Kl.

keine besonderen Voraussetzungen

Karten mit Homonymen oder Homophonen

Durchführung:

- Lehrer gibt zwei Schülern ein Homonymen-/Homophonenpaar.
- Die beiden Schüler beschreiben es ihren Mitschülern im Wechsel.
- Die Beschreibungen sollten zu Beginn möglichst ungenau sein und erst im Lauf der Erklärungen immer konkreter werden.
- Wer das Paar erraten hat, kann mit einem anderen Partner das nächste Paar erklären.

Beispiele:

1. *Homonyme*
   - *Strauß* und *Strauß* (Vogel und Blumenstrauß), mögliche Beschreibung: Mein Homonym kann man essen. Mit meinem Homonym kann man anderen eine Freude bereiten usw.
   - *Tau* und *Tau* (Seil und Morgentau)
   - *Kiefer* und *Kiefer* (Baum und Unter-/Oberkiefer)
   - *Absatz* und *Absatz* (Textabsatz und Schuhabsatz)
   - *Uhu* und *Uhu* (Vogel und Kleber)
   - *Tempo* und *Tempo* (Geschwindigkeit und Papiertaschentuch)
   - *Arm* und *arm* (Körperteil und Gegenteil von reich)
   - *Feige* und *feige* (Frucht und Charaktereigenschaft)
   - *Flügel* und *Flügel* (Tier und Gebäude)
   - *Linse* und *Linse* (Fotoapparat und Gemüse)
   - *Futter* und *Futter* (Tiernahrung und Kleidung)

2. *Homophone*
   - *Lied* und *Lid*
   - *Meer* und *mehr*
   - *Leere* und *Lehre*

Weitere Hinweise:

Die Homonymen-/Homophonenpaare können auch in Partnerarbeit von den Schülern selbst gefunden werden.

keine besonderen Voraussetzungen

evtl. Karten mit Fragen, evtl. Schülerheft

Durchführung:

- Ein Schüler erklärt sich bereit, der „Tennisspieler" zu sein.
- Lehrer verteilt Fragen an die Klasse.
- Nun stellen die Mitschüler dem „Tennisspieler" Fragen, die dieser beantworten muss.
- Ist die Antwort falsch, löst der Schüler, der die Frage gestellt hat, den „Tennisspieler" ab.

Beispiele:

1. Was ist ein Adverb?
2. Wie lautet der Konjunktiv II von *backen* in der 3. Person Singular?
3. Wann setzt man einen Strichpunkt?
4. Nenne ein Beispiel für einen Konzessivsatz.
5. Woran kann man ein Satzglied erkennen?
6. Erkläre den Begriff *Präpositionalattribut.*

Weitere Hinweise:

Die Schüler können Fragen (mit den dazugehörigen Antworten) zu den verschiedensten Bereichen des Deutschunterrichts auch zu Hause vorbereiten. Auf diese Weise wiederholen sie den Lernstoff bzw. das Grundwissen.

3.11 Bingo

ca. 5 Min. | ab Kl.

keine besonderen Voraussetzungen

Papier/Schülerheft, Übersicht mit festgelegtem Themenbereich/Begriffen (z. B. Stilmitteln)

Durchführung:

- Schüler zeichnen sich eine Bingo-Karte mit 3 x 3 Feldern.
- Nun schreiben sie in jedes Feld einen Begriff, z. B. jeweils ein Stilmittel.
- Lehrer oder ein Schüler liest nun Beispiele für die verschiedenen Stilmittel vor.
- Schüler streichen die Stilmittel auf ihrer Karte an, wenn das entsprechende Beispiel genannt wird.
- Gewonnen hat, wer zuerst drei aufeinander folgende Stilmittel angestrichen hat, sei es diagonal, horizontal oder vertikal.

Beispiel:

Alliteration	Euphemismus	rhetorische Frage
Antithese	Hyperbel	Synästhesie
Inversion	Ironie	Parallelismus

Mögliche Beispiele für Stilmittel, die der Lehrer vorlesen kann:

bei Wind und Wetter	(Alliteration)
das Leben nach dem Tod	(Antithese)
Röslein rot (Schiller)	(Inversion)
hinscheiden	(Euphemismus)
Schon tausendmal habe ich daran erinnert!	(Hyperbel)
Eine schöne Bescherung!	(Ironie)
Was ist gewisser als der Tod?	(rhetorische Frage)
schreiendes Blau	(Synästhesie)
Heiß ist die Liebe, kalt ist der Schnee.	(Parallelismus)

Weitere Hinweise:

Das Spiel kann natürlich auch mit anderen Begriffen gespielt werden (z. B. Personen einer Lektüre, grammatikalischen Begriffen wie Adverb, Adverbiale, Präpositionalobjekt usw.)

Die Schüler können das Spiel auch in Gruppen spielen.

keine besonderen Voraussetzungen

Folie mit Bildgedicht und/oder lautmalerischem Gedicht

Durchführung:

- Lehrer präsentiert der Klasse als stummen Impuls ein Bildgedicht und/oder ein lautmalerisches Gedicht.
- Schüler äußern sich spontan zu den Gedichten.
- Hier kann man bereits auf Besonderheiten der *Konkreten Poesie* eingehen.
- Bei lautmalerischen Gedichten bietet es sich an, die Klasse in Gruppen einzuteilen und das Gedicht im Kanon aufsagen zu lassen. Die Schüler können selbst im weiteren Verlauf der Stunde eine Art Partitur entwickeln.

Beispiele:

1. Lautmalerische Gedichte
„auf dem land" von Ernst Jandl
„schtzngmm" von Ernst Jandl
„Schnurpsenzoologie" von Michael Ende

2. Bildgedichte
„Regen" von Paul Maar
„Die Sanduhr" von Gerri Zotter
„Die Brücke" von Gerri Zotter
„Apfel" von Reinhard Döhl

Weitere Hinweise:

Es bietet sich an, die Schüler selbst lautmalerische Texte/Gedichte und Bildgedichte zu einfachen Themen schreiben zu lassen: z. B. ein Gegengedicht mit dem Titel „in der stadt" zu Ernst Jandls Gedicht „auf dem land".

Nach dieser Sensibilisierung der Schüler im Hinblick auf Klangfiguren lassen sich auch andere Texte leichter und effizienter auf ihre sprachlichen Besonderheiten hin untersuchen.

3.13 Fremdwort-Spiel

ca. 7 Min. ab Kl.

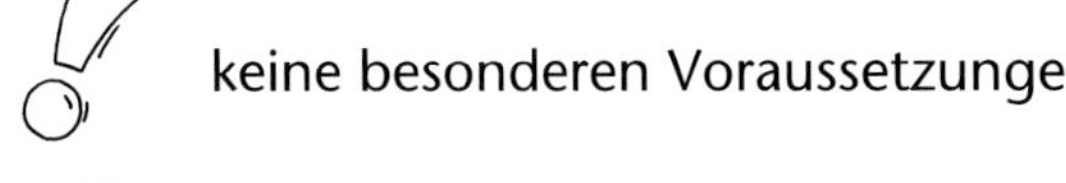

keine besonderen Voraussetzungen

Fremdwörterbuch

Durchführung:

- Ein Schüler sucht aus dem Fremdwörterbuch einen Begriff, von dem er annimmt, dass niemand ihn kennt.
- Alle Schüler schreiben nun eine Definition dieses Begriffs auf, von deren Richtigkeit sie überzeugt sind.
- Nun werden alle Definitionen eingesammelt und vorgelesen.
- Durch Abstimmung wird die überzeugendste Definition gewählt und der Schüler, der sie verfasst hat, erhält einen Punkt.
- Der Schüler mit den meisten Punkten am Ende des Spiels hat gewonnen.

Beispiele:

Erythrolyse, Leghorn, ausklarieren, Asteriskus, Asthenie, Maskaron

Weitere Hinweise:

Für besonders witzige und originelle Definitionen können Extrapunkte vergeben werden.

keine besonderen Voraussetzungen

Karten mit verschiedenen Sprichwörtern oder Redensarten, Tafel

Durchführung:

- Ein Schüler erhält eine Karte mit einem Sprichwort bzw. einer Redensart.
- Nun kann er wählen: Entweder malt er das Sprichwort bzw. die Redensart an die Tafel oder er stellt das Sprichwort/die Redensart pantomimisch dar.
- Die Klasse versucht, das dargestellte Sprichwort bzw. die dargestellte Redensart zu erraten.

Beispiele:

1. jemanden durch den Kakao ziehen
2. jemandem einen Knüppel zwischen die Beine werfen
3. jemandem aufs Dach steigen
4. Eulen nach Athen tragen
5. eine Schraube locker haben
6. jemanden um den kleinen Finger wickeln
7. sich in die Höhle des Löwen begeben
8. den Vogel abschießen
9. zwei Fliegen mit einer Klappe schlagen
10. ins Fettnäpfchen treten
11. einen Frosch im Hals haben
12. seinen Senf dazugeben
13. Eine Schwalbe macht noch keinen Sommer.
14. das Geld zum Fenster hinauswerfen
15. jemanden an der Nase herumführen
16. jemandem einen Bären aufbinden
17. Wer anderen eine Grube gräbt, fällt selbst hinein.
18. aus einer Mücke einen Elefanten machen
19. Morgenstund hat Gold im Mund.
20. in den sauren Apfel beißen
21. etwas an die große Glocke hängen
22. etwas auf die lange Bank schieben

Weitere Hinweise:

Das Spiel kann auch als Wettbewerb gestaltet werden, indem man die Klasse in zwei Gruppen teilt, die gegeneinander antreten. Die Gruppe, die die meisten Sprichwörter innerhalb einer vorgegebenen Zeit erraten hat, hat gewonnen.

Im Anschluss an das Erraten soll sich jeder Schüler für ein Sprichwort entscheiden und eine Geschichte dazu erfinden, die dieses erläutert.

keine besonderen Voraussetzungen

Karten mit Szenenangaben

Durchführung:

- Eine Gruppe von mehreren Schülern erhält eine Karte mit der Angabe einer Szene oder einen Textausschnitt aus der aktuellen Klassenlektüre.
- Nach 2 bis 3 Minuten Vorbereitungszeit spielen die Schüler die Szene pantomimisch vor.
- Die Klasse soll erraten, um welche Szene es sich handelt und diese in den Textzusammenhang einordnen.

Weitere Hinweise:

Als Variante kann der Lehrer auch Orte vorgeben, z. B.: beim Arzt, im Bus, im Kino, auf dem Markt usw. Zwei Schüler müssen dann eine Szene, wie sie sich typischerweise an diesem Ort ereignet, pantomimisch vorspielen. Die Klasse rät, wo sich die Szene abspielt und worum es geht.

Eine weitere Variante: Vier Schüler drehen sich mit dem Rücken zur Klasse. Der Lehrer projiziert kurz eine Szene, die pantomimisch dargestellt werden muss, an die Wand, ohne dass die vier Schüler sehen, um welche Szene es sich handelt. Ein Schüler darf sich jetzt umdrehen. Ihm wird die Szene von einem Mitschüler pantomimisch vorgespielt. Dabei muss er sich die Darstellung genau merken, denn er muss die Szene nun dem nächsten Schüler, der sich jetzt umdreht, vorspielen. Da die Szene sich in den meisten Fällen beträchtlich verändert, ist dies ein guter Ausgangspunkt, um die Veränderung von Nachrichten zu thematisieren. Geeignete Szenen sind z. B: Wäsche bügeln, ein Eis kaufen und essen, in der Umkleidekabine.

Die letzte mögliche Variante ist die Buchstaben-Scharade. Die Schüler stellen dabei einzelne Begriffe pantomimisch dar, indem sie jeweils die Buchstaben des Begriffs in einer Pantomime erläutern. Die Mitschüler müssen die Pantomimen erraten und aus den Anfangsbuchstaben den gesuchten Begriff zusammensetzen. Die beiden Beispiele verdeutlichen die Buchstaben-Scharade:

M ann	**K** ind
A uto	**O** ma
U-Boot	**M** ann
S onne	**M** aus
	A uto

Schüler sind mit der Methode des Standbild-Bauens vertraut

Karten mit den Szenen oder Themen, die dargestellt werden sollen

Durchführung:

- 3 bis 4 Schüler erhalten eine Karte mit der Szene oder dem Thema, das im Standbild dargestellt werden soll.
- Schüler besprechen sich kurz und bauen das Standbild auf.
- Die Klasse errät, um welche Szene oder um welches Thema es sich handelt.

Weitere Hinweise:

Das Spiel kann gut eingesetzt werden, um Szenen aus der aktuellen Klassenlektüre darstellen zu lassen.

Wenn die Standbilder fotografiert und im Klassenzimmer ausgehängt werden, kann immer wieder auf sie zurückgegriffen werden.

keine besonderen Voraussetzungen

Karten mit Spielthemen, Thesen der Stunde

Durchführung:

- Lehrer verteilt an einige Schüler Karten, auf denen wichtige Thesen, Sätze oder das Thema der kommenden Stunde stehen.
- Schüler sollen nun eine Karte ziehen und den Satz oder das Thema leise lesen.
- Anschließend sollen sie den jeweiligen Satz mit ausdrucksvoller Gestik, Mimik, Bewegung und Stimme vortragen. Es können auch zwei oder drei Schüler das Thema spontan in einem kleinen Stück vortragen.

Beispiele:

1. Ein Beispiel gelungener Kommunikation
2. Ein Beispiel misslungener Kommunikation
3. Eine typische Situation des Minnesangs
4. Eine typische Szene aus einem Märchen (z. B. Rapunzel)
5. Im Zirkus

Weitere Hinweise:

Es sollte darauf geachtet werden, dass die Sätze und Themen nicht zu komplex sind, damit das Spiel auch spontan ohne Vorbereitung präsentiert werden kann.

Schüler sind mit der Lektüre vertraut

Karten, Tafel oder Folie und Schülerheft

Durchführung:

- Lehrer gibt an der Tafel einen oder auch auf Karten verschiedene, im Zusammenhang mit der aktuellen Klassenlektüre stehende Satzanfänge vor.
- Schüler führen die Sätze individuell zu Ende.
- Die Ergebnisse werden den anderen Schülern mündlich präsentiert oder im Klassenzimmer aufgehängt.

Beispiele:

1. Freundschaft bedeutet für mich …
2. Die Botschaft des Romans/der Erzählung lautet für mich folgendermaßen: …
3. Ich anstelle von ... (Name der Haupt- oder einer Nebenperson der Lektüre) hätte …
4. Der Titel des Romans/der Erzählung …

Weitere Hinweise:

Das Vervollständigen von Satzanfängen kann sowohl während der Lektüre zur Reflexion einzelner Kapitel eingesetzt werden als auch am Ende.

Die Methode eignet sich auch als Stundeneinstieg für andere Bereiche des Deutschunterrichts (z. B. als Beginn einer Diskussionsrunde).

keine besonderen Voraussetzungen

vom Lehrer veränderter Text

Durchführung:

- Lehrer liest der Klasse einen Text vor, der zum Thema der Stunde hinführt oder mit dem Stundenthema in engem Zusammenhang steht.
- Zuvor hat der Lehrer im Text einige Einzelheiten verändert, sodass einige Aussagen falsch sind.
- Schüler müssen erkennen, welche Informationen übertrieben bzw. falsch sind.

Weitere Hinweise:

Bei dem Text kann es sich um einen neuen, d. h. unbekannten Text handeln. Dann wird auf diese Weise das Vorwissen der Schüler zum entsprechenden Thema abgeprüft.

Es kann aber auch ein bereits bekannter Text, z. B. ein Ausschnitt aus der aktuellen Klassenlektüre vorgetragen werden, ohne dass den Schülern mitgeteilt wird, dass etwas verändert wurde.

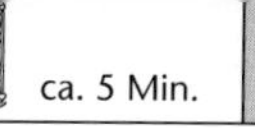

keine besonderen Voraussetzungen

Stoffball oder Ähnliches zum Werfen

Durchführung:

- Lehrer stellt eine Frage zu einem bestimmten Thema, zum Inhalt der letzten Stunde oder zu einem gerade gelesenen Text und wirft einem Schüler die „heiße Kartoffel" (d. h. den Ball) zu.
- Schüler muss die Frage nun so schnell wie möglich beantworten. Dann stellt er ebenfalls so schnell wie möglich eine Frage und wirft die „heiße Kartoffel" einem Mitschüler zu usw. Ziel ist es, die „heiße Kartoffel" möglichst schnell weiterzugeben.
- Wenn eine Frage nicht oder nicht richtig beantwortet werden kann, gibt der Lehrer sie an einen anderen Schüler weiter.

Weitere Hinweise:

Dieses Spiel eignet sich nicht nur für einen Stundeneinstieg, sondern es kann auch gut während der Stunde zur Überprüfung, Wiederholung und Festigung verschiedenster Inhalte genutzt werden (Grammatik, Textinhalte, Rechtschreibfragen usw.).

Schüler kennen die Figuren, um die es geht

Namensschildchen (z. B. Etikettenaufkleber) mit den Namen der zu erratenden Personen

Durchführung:

- Lehrer klebt einem Freiwilligen eines der Namensschilder auf den Rücken, ohne dass der Schüler den Namen sieht. Der Schüler soll nun diese Figur sein.
- Mit Fragen an die Klasse muss der Schüler nun herausbekommen, wer er ist. Es muss sich um Fragen handeln, die mit *Ja* oder *Nein* zu beantworten sind.
- Wenn der Schüler nicht errät, wer er sein soll, kann das Rätsel nach 2 bis 3 Minuten aufgelöst werden.

Beispiel:

1. Bin ich eine Frau?
2. Bin ich ein Mann?
3. Bin ich ein Tier?
4. Bin ich Arzt von Beruf?

Weitere Hinweise:

Das Spiel kann gut eingesetzt werden, um Figuren aus der aktuellen Klassenlektüre erfragen zu lassen.

Möglich ist auch, die Klasse raten zu lassen, wer vor ihr steht. Die Fragen werden dann an den Schüler mit dem jeweiligen Namenskärtchen gestellt.

Als Variante können mehrere Schüler in die Rolle einzelner Figuren aus der Lektüre schlüpfen. Die Klasse stellt dann Fragen zu Motiven für bestimmte Handlungen, Gedanken, Pläne usw. Die Schüler müssen aus der Perspektive der Person antworten, die sie darstellen.

keine besonderen Voraussetzungen

Karten mit Fragen und jeweils vier Antwortmöglichkeiten

Durchführung:

- Für die Quizshow werden ein Moderator und zwei gegeneinander antretende Teams mit jeweils zwei Kandidaten ausgewählt.
- Lehrer gibt dem Moderator Karten mit Fragen, zu denen es immer vier Antwortmöglichkeiten gibt. Jedes Team verfügt zudem über einen Publikums-Joker und einen 50:50-Joker.
- Für jede richtig beantwortete Frage erhält das entsprechende Team einen Punkt.
- Wird eine Frage falsch beantwortet, kommt das nächste Team an die Reihe.

Beispiele:

1. Was ist eine Metapher?

a) Wortwiederholung
b) Gleichklang von Vokalen
c) starke Übertreibung
d) Übertragung in ein Bild

2. Um welches Reimschema handelt es sich? abba

a) Kreuzreim
b) umarmender Reim
c) Paarreim
d) Schweifreim

3. Um welches Versmaß handelt es sich? xxx́

a) Jambus
b) Trochäus
c) Daktylus
d) Anapäst

4. Was ist ein Enjambement?

a) Das Metrum wechselt mit jeder neuen Strophe.
b) Die Strophen haben eine unterschiedliche Anzahl von Versen.
c) Der Satz geht bis in die nächste Zeile und endet nicht am Versende.
d) Das Gedicht ist nicht in Strophen gegliedert.

Weitere Hinweise:

Die Methode ist besonders am Ende einer Unterrichtseinheit zur Wiederholung des Lernstoffes geeignet.

Die Schüler können als Hausaufgabe Fragekarten vorbereiten.

4.9 Gedichtfragmente

ca. 10 Min. | ab Kl.

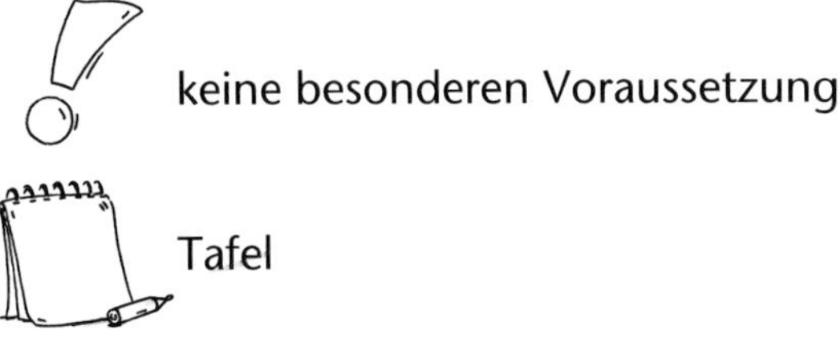

keine besonderen Voraussetzungen

Tafel

Durchführung:

- Lehrer schreibt einzelne Wörter aus einem Gedicht oder ein Wort aus einer Gedichtzeile an die Tafel sowie den Titel.
- Schüler erhalten den Auftrag, ein kurzes Gedicht zu verfassen, das diese Wörter enthält.
- Anschließend tragen die Schüler ihre Ergebnisse vor.
- Beim Vergleich mit dem Originalgedicht können die Unterschiede thematisiert werden.

Beispiel:

Frühling lässt sein blaues Band (Eduard Mörike)

Frühling lässt sein blaues Band	lässt
Wieder flattern durch die Lüfte	flattern
Süße, wohlbekannte Düfte	wohlbekannte
Streifen ahnungsvoll das Land	ahnungsvoll
Veilchen träumen schon,	träumen
Wollen balde kommen	balde
Horch, von fern ein leiser Harfenton!	fern
Frühling, ja du bist's!	ja
Dich hab ich vernommen!	ich

Weitere Hinweise:

Als Ausgangspunkt kann auch ein Text dienen: Die Schüler unterstreichen zunächst Wörter oder Satzteile, die sie ansprechen. Aus diesen Teilen bauen die Schüler ein Gedicht, indem sie weitere Wörter dazuschreiben oder einige wegstreichen.

keine besonderen Voraussetzungen

Bilder auf Folie

Durchführung:

- Lehrer legt ein Bild auf, das auf das Stundenthema hinweist oder im Zusammenhang mit dem aktuellen Unterrichtsstoff steht.
- Schüler äußern spontan, was sie auf dem Bild sehen, stellen den Zusammenhang mit dem Unterrichtsstoff her bzw. stellen Vermutungen an.
- Lehrer kann weiterführende Fragen stellen.

Beispiel:

© Martin – Fotolia.com

Heinrich Böll: „Anekdote zur Senkung der Arbeitsmoral"

1. Wie würdet ihr die Stimmung beschreiben?
2. Beschreibt den Tagesablauf der Person, der das Boot gehört.
3. Erfindet ein Gespräch zwischen der Person, der das Boot gehört, und einem Touristen, der zufällig vorbeikommt.

Weitere Fragen, mit denen man Erzählungen zu Bildern initiieren kann:

1. Was könnte vor einer Stunde passiert sein?
2. Was könnte drei Stunden später passieren?
3. Welche Geräusche hört man und was riecht man?

Weitere Hinweise:

Der Lehrer kann das Bild auch nur wenige Sekunden auflegen und die Schüler beschreiben es aus dem Gedächtnis. Sie können auch Fragen zum Bild beantworten, z. B.: Wie viele Personen sind auf dem Bild zu sehen? Welche Kleidung tragen sie? Welche Farben dominieren?

Wenn mehrere Bilder im Klassenzimmer hängen, können die Schüler aufgefordert werden, zu jedem Bild eine Überschrift auf Klebezettel zu schreiben. Dann kann jeder seine Zettel unter die entsprechenden Bilder kleben. Es wird sich vermutlich zeigen, dass die Bilder unterschiedlich wahrgenommen werden.

4.11 Wortfüllung

ca. 5 Min. | ab Kl.

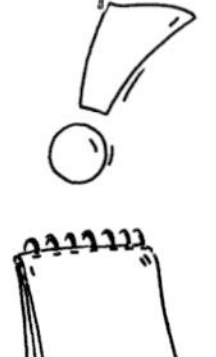

keine besonderen Voraussetzungen

Tafel

Durchführung:

- Lehrer schreibt einen Begriff, der mit dem Stundenthema zusammenhängt, an die Tafel, sodass die Buchstaben senkrecht untereinander stehen.
- Dann schreibt er denselben Begriff in einigem Abstand in umgekehrter Reihenfolge an, sodass zwischen den einzelnen Buchstaben genügend Platz ist, Wörter einzufügen.
- Schüler sollen nun Wörter finden, die jeweils mit einem Buchstaben des vorwärts geschriebenen Wortes beginnen und mit dem Buchstaben des rückwärts geschriebenen Wortes enden.

Beispiel:

Ente	**N**
Reis	**E**
Zu	**G**
Ä...	**N**
H...	**U**
L...	**L**
U...	**H**
N...	**Ä**
Gei	**Z**
Eie	**R**
Not	**E**

Weitere Hinweise:

Der Schwierigkeitsgrad kann erhöht werden, wenn die Wörter in thematischem Zusammenhang mit dem Ausgangswort stehen müssen.

Die Übung kann als Wettbewerb gestaltet werden, wenn zwei oder mehr Gruppen gebildet werden. Gewonnen hat die Gruppe, die in einer festgelegten Zeitspanne die meisten Wörter gefunden hat.

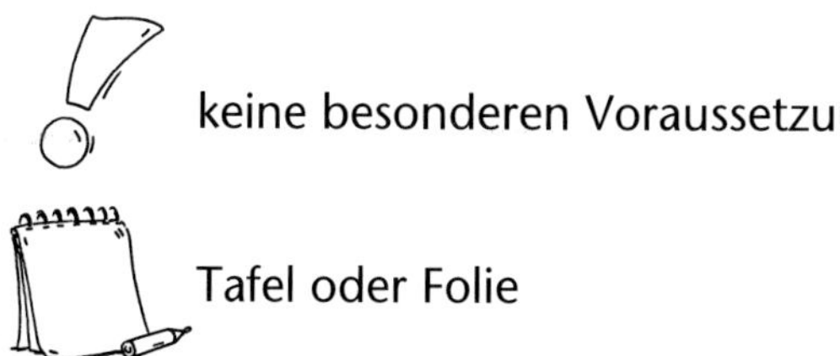

keine besonderen Voraussetzungen

Tafel oder Folie

Durchführung:

- Lehrer gibt an der Tafel oder auf Folie ein Zitat vor.
- Schüler nehmen zu diesem Zitat Stellung oder ordnen es in den Unterrichtszusammenhang ein.

Beispiele:

1. Auch das schlechteste Buch hat eine gute Seite: die letzte. (Bertolt Brecht)
2. Wer die Augen offen hält, dem wird im Leben manches glücken. Doch noch besser geht es dem, der versteht, eins zuzudrücken. (Johann Wolfgang von Goethe)
3. Das Leben ist ein Prozess, den man verliert, was man auch tut und wer man auch ist. (Thomas Bernhard)
4. Wer kämpft, kann verlieren. Wer nicht kämpft, hat schon verloren. (Bertolt Brecht)
5. Man muss sein Leben aus dem Holz schnitzen, das man hat, und wenn es krumm und knorrig wäre. (Theodor Storm)
6. Eigentlich bin ich ganz anders, ich komme nur so selten dazu. (Ödön von Horváth)
7. Alles Wissen und alle Vermehrung unseres Wissens endet nicht mit einem Schlusspunkt, sondern mit einem Fragezeichen. (Hermann Hesse)
8. Es ist schwerer, Vorurteile zu zertrümmern als Atome. (Albert Einstein)
9. Wenn gemeine Leute streiten, geht es ins Fluchen, Schimpfen und Schlagen über, und der Vorhang fällt zu. (Johann Wolfgang von Goethe)

Weitere Hinweise:

Das Zitat kann nur als kurzer Impuls zum Stundeneinstieg dienen oder aber auch eine längere Diskussion anregen.

Die Schüler können dazu angehalten werden, ein „Gegenzitat" zu formulieren.

keine besonderen Voraussetzungen

CD-Spieler, Musikbeispiele auf CD, Schülerheft

Durchführung:

- Lehrer spielt ein Lied vor, das mit dem Stundenthema oder der Unterrichtseinheit in Zusammenhang steht.
- Schüler notieren, was das jeweilige Lied mit dem Thema zu tun hat.
- Anschließend werden die Schülerergebnisse im Plenum miteinander verglichen.

Beispiele:

Inhaltlich passende Lieder finden sich zu den unterschiedlichsten Bereichen des Deutschunterrichts:

1. Udo Lindenberg: „Sonderzug nach Pankow" (DDR-Literatur)
2. Udo Lindenberg: „Weißt du, wie viel Sternlein stehen" (Umweltverschmutzung, Hungersnöte, sinnlose Kriege)
3. Herbert Grönemeyer: „Männer" (Rollenerwartungen, Geschlechterkonflikte)
4. Wir sind Helden: „Guten Tag (Die Reklamation)" (Gesellschaftskritik, Konsumkritik)
5. Die toten Hosen: „Hier kommt Alex" (Protestsong gegen Gewalt)
6. Lieder von BAP oder Biermösl Blosn (Dialekte)

Weitere Hinweise:

Im Anschluss können die Liedtexte inhaltlich und sprachlich genauer analysiert werden.

Interessierte Schüler kann man weitere Strophen „dichten" lassen.

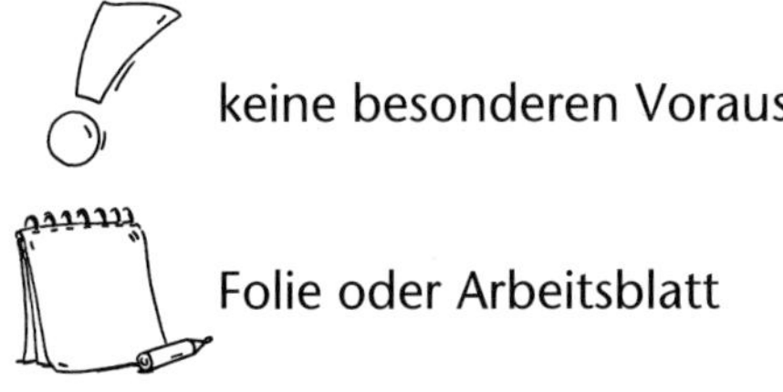

keine besonderen Voraussetzungen

Folie oder Arbeitsblatt

Durchführung:

- Lehrer präsentiert auf Folie ein Buchstabengitter.
- Schüler müssen die im Gitter enthaltenen Begriffe (senkrecht, waagerecht, diagonal – hier grau hinterlegt) möglichst schnell finden. Man kann die Anzahl der versteckten Wörter als Hilfe angeben.

Beispiel:

N	E	A	I	D	A	N	M
S	W	B	E	R	M	U	I
F	S	A	R	B	S	C	Q
D	H	L	G	N	Z	A	L
B	E	W	O	R	G	N	J
A	S	K	M	G	E	M	K
F	I	D	N	E	A	L	D
O	W	E	R	B	U	N	G

Weitere Hinweise:

Die Schüler können auch zu Hause Buchstabengitter für ihre Mitschüler vorbereiten.

keine besonderen Voraussetzungen

Werbeanzeige auf Folie oder als Handzettel

Durchführung:

- Lehrer empfängt die Schüler mit einer selbst erstellten Werbeanzeige, die für die kommende Unterrichtsstunde und das Thema der Stunde wirbt.
- Schüler lesen die Werbeanzeige durch und stellen dann Fragen zu dem, was sie ihren Vermutungen nach im Laufe der Stunde erwarten wird.

Beispiel:

Thema der Stunde: Diskussionsrunde
Bewerbung des Stundenthemas durch: Sendehinweis in Fernsehzeitschrift

Talkshow der Klasse ______________

zum Thema ____________________

Eine (Name des Gymnasiums) Produktion

Namen der Schüler der Klasse als Darsteller

Sendezeit: 23.09.2009
08:00 – 08:45 Uhr

Weitere Hinweise:

Ausgehend von dieser Werbeanzeige kann man die typischen Elemente einer Werbeanzeige bestimmen lassen (als Einstieg in eine Unterrichtsreihe zum Thema Werbung).

Man kann die Schüler Werbeanzeigen als Ankündigung für ihre Referate anfertigen lassen.

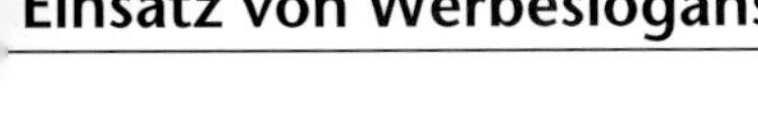

Einsatz von Werbeslogans

ca. 5 Min. | ab Kl. 7

keine besonderen Voraussetzungen

verschiedene Werbeanzeigen auf Folie oder in Kopie (evtl. ohne den dazugehörigen Slogan)

Durchführung:

- Lehrer projiziert eine Werbeanzeige ohne den dazugehörigen Slogan an die Wand. Je nach Anzeige sollen die Schüler zunächst Hypothesen anstellen, für welches Produkt geworben wird.
- Im Anschluss erstellen die Schüler eigene Slogans.
- Abschließend erfolgt ein Vergleich der Schülerlösungen mit dem Originalslogan.

Weitere Hinweise:

Ausgehend von einer oder verschiedenen Werbeanzeige(n) können im weiteren Verlauf der Stunde der Aufbau und die Elemente einer Werbeanzeige thematisiert werden.

Weiterhin eignen sich Werbeslogans auch sehr gut für eine Analyse im Hinblick auf den Einsatz stilistischer Mittel.

Grundbegriffe der Argumentation sollten bekannt sein

Folie, Tafel oder Plakate

Durchführung:

- Lehrer präsentiert eine oder mehrere provokante These(n).
- Schüler sollen eine oder auch mehrere Gegenthese(n) formulieren.
- Dann erläutert der Lehrer kurz seine These. Anschließend sind die Schüler aufgefordert, ihre Gegenthese(n) zu nennen und vorzustellen.

Beispiele:

1. Fernsehen macht dumm.
2. Durch zu häufige und zu wenig kontrollierte Internetnutzung verblöden unsere Kinder und Jugendlichen.
3. Alle sollten gesetzlich dazu verpflichtet werden, täglich drei Stunden fernzusehen.

Weitere Hinweise:

Die Thesen sollten Unruhe erzeugen, damit sich alle in der Klasse beteiligen. Eine Diskussion kann sich anschließen, auch zu weiterführenden Themen.

keine besonderen Voraussetzungen

Begriffe auf DIN-A4-Blättern oder Folie

Durchführung:

- Lehrer präsentiert für eine Sekunde einen Begriff auf einem Blatt oder einer Folie.
- Schüler äußern sofort, um welchen Begriff es sich handelt.

Weitere Hinweise:

Die Begriffe sollten nicht zu einfach sein. Aus diesem Grund können die Begriffe auch spiegelverkehrt oder in Lautschrift, die den Schülern aus dem Fremdsprachenunterricht bekannt ist, notiert werden.

Als Variante können statt der Begriffe auch Bilder am Overhead-Projektor gezeigt werden. Die Schüler werden aufgefordert, sich möglichst viele Einzelheiten einzuprägen. Anschließend werden ihnen Aussagen zu den verschiedenen Details vorgelegt. Die Schüler müssen entscheiden, ob sie auf dem Bild zu sehen waren oder nicht.

Abc-Liste 18
Akrostichon 21
Bingo 40
Blitzlicht 61
Brainstorming 23
Buchstaben und Zahlen 33
Buchstaben-Gitter 57
Buchstaben-Spiel 35
Darstellendes Spiel 46
Diskussionswettbewerb 27
Doppeldeutige Rechtschreibsätze 37
Einsatz von Bildern 53
Einsatz von Liedern 56
Einsatz von Werbeslogans 59
Einsatz von Zitaten 55
Endlostexte 19
Fremdwort-Spiel 42
Gedichtfragmente 52
Geräuschrätsel/ Hörgeschichten 7
Grammatik-Tennis 39
Heiße Kartoffel 49
Inserat 25
Interview-Spiel 50
Kartenabfrage 26
Kreuzworträtsel 22
Lückenhafte Texte 13
Lügendetektor 48
Metaphorisches Sprechen 15
Mindmapping 24
Nonsens-Argumentation 28
Pantomime 44
Provokante Aussagen 60
Quizshow 51
Satzanfänge 47
Silbenquiz 32
Spiegelschrift 30
Spontaner Vortrag 16
Sprachexperimente 41
Sprechen nach Vorgaben 17
Sprichwörter/Redensarten 43
Standbild 45
Stille Post 8
Surrealistisches Schreiben 29
Tabu 14
Textdetektive 36
Verschlüsselte Botschaft 31
Was bin ich? (Homonyme-/Homophonerätsel) 38
Werbeanzeige 58
Wortfüllung 54
Wortkette 34
Wortstück-Rätsel 10
Wortwechsel 12
Zauberstab 20
Zeichnung entwerfen 9
Zungenbrecher 11

Jederzeit optimal vorbereitet in den Unterricht?

»